AF224321

USURPATION

ET

SOLUTION

PAR

ALEXANDRE GARIEL

Ancien Conseiller de Préfecture

BRIGNOLES

IMPRIMERIE DE M.-V. GASSIER

—

1879

USURPATION

ET

RÉSOLUTION

PAR

ALEXANDRE GARIEL

Ancien Conseiller de Préfecture

BRIGNOLES

IMPRIMERIE DE M.-V. GASSIER

—

1879

USURPATION

ET

SOLUTION

§ 1er

Ne craignez point, ami lecteur, que je vienne rembrunir votre mémoire de tous les souvenirs d'usurpation qui fourmillent dans l'histoire, à la chaîge des vieux rois et des vieux patriciens du monde moderne ou de l'antiquité. Trop fastidieuse serait pour votre esprit, cette longue série d'attentats, de crimes et d'artifices dont nous sommes les héritiers en qualité de victimes, sans bénéfice d'inventaire. Usurpation de trône, usurpation de territoire, usurpation de toute pnissance aristocratique sur les peuples, usurpation du ciel et de la terre par les prêtres, toute l'histoire est remplie d'usurpations, de spoliations et de rapines, qui semblent tombées dans les honneurs du droit commun, par la force de l'usage à travers les siècles.

Nous ne graverons ici, dans notre petite brochure, que les grandes voracités royales et patriciennes, qui touchent de près à notre état social, pouvant servir de préliminaire à la dernière usurpation de 1871, qui dure encore, et sur laquelle nous avons l'honneur d'offrir un projet de solution à notre infortuné pays fatigué de se nourrir d'espérances et d'illusions, toujours suivies de cruelles déceptions aprèsla victoire.

Usurpation par les Romains, de tous les territoires et de tous les trésors des nations conquises en Europe, en Afrique et en Asie.

Les sénateurs et les patriciens s'adjugent tous les profits de la conquête au préjudice des plébéiens qui n'ont versé leur sang sur les trois continents, que pour faire vivre dans une opulence royale une bande d'aristocrates païens descendants d'une bande de malfaiteurs latins dont Romulus était le capitaine et le premier roi.

Les sénateurs ne parviennent à dépouiller

la plèbe romaine de ses droits sur les terres conquises, que par l'assassinat et le massacre des tribuns du peuple.

Usurpation de l'empire par les Césars qui s'emparent de tous les pouvoirs sur les patriciens vaincus dans les batailles de Pharsale et de Philippe.

Usurpation de la Papauté, l'an 537, par un curé nommé Vigile, envoyé du Bas-Empire, qui fait arrêter le Pape Sylverius avec le concours du général Bélisaire , commandant en Italie au nom de l'impératrice Théodora de Constantinople. Pendant que le pauvre Sylverius est transporté enchaîné dans l'île déserte de Palmaria où il crèva de faim, l'usurpateur Vigile était reconnu dans l'Eglise comme le vrai Pape du Saint-Esprit.

§ 2ᶜ

Siècles Modernes.

Les Barbares qui règnent en France, après avoir vaincu les Romains, ont aggravé tous les genres d'usurpation, de spoliation, de vexation et de tyrannie sur le peuple des Gaules, de concert avec les sacerdoces chrétiens.

Après avoir écrasé les populations gallo-romaines, voici maintenant nos rois qui s'amusent entr'eux comme les éperviers s'amusent avec la colombe et la tourterelle dans les bois. Une quinzaine de rois et de reines de la race de Clovis, meurent assassinés les uns par les autres, pour usurper la couronne tour à tour, avec la complicité des nobles seigneurs auxiliaires naturels de tous les crimes des rois.

En 752, Pépin le Bref, père de Charlemagne, usurpe le trône sur la dynastie de Clovis, avec la sainte approbation du pape Zacharie. Le dernier roi mérovingien finit ses jours dans les cachots du couvent de Saint-Bertin, près de Saint-Omer.

***

Vers la fin du dixième siècle, Hugues Capet usurpe la puissance sur la famille de Charlemagne : les deux derniers rois carlovingiens meurent empoisonnés à l'âge de vingt ans ; et le prince Charles de Lorraine, dernier rejeton de Charlemagne, termine sa vie dans une prison d'Orléans.

*
* *

Les seigneurs et les évêques révoltés contre les rois, depuis le neuvième siècle, fondent pour une période d'environ 500 ans le régime féodal, qui transforme toute la France en caserne d'esclaves destinés à être dévorés par les vautours de château et par les vautours de sacristie.

Grande usurpation par les seigneurs, des fiefs, titres, terres, domaines et châteaux qui appartenaient à l'Etat d'après la Constitution de la monarchie française. Nos grands larrons se fondent dans leurs prétentions sur un édit de Charles le Chauve rendu en 877, par lequel cet imbécile d'empereur, indigne petit-fils de Charlemagne, fait donation à tous les châtelains de son vaste empire des biens qui sont la propriété de la nation.

§ 3ᵉ

La Révolution de 1789 vient réparer en partie les malheurs lamentables de notre histoire et rendre au peuple ses droits usurpés, en broyant sous sa puissante énergie les ennemis implacables du genre humain.

Màis voici le premier Napoléon qui vient rétablir le pouvoir absolu de l'ancien régime, en trahissant la République Française dont il était le consul, à l'exemple de César qui avait trahi la République romaine, le peuple et le Sénat.

*
* *

En 1815, Louis XVIII usurpe la couronne sur Napoléon, à la suite de l'invasion étrangère.

En 1830, c'est Louis Philippe qui usurpe le trône de son cousin Charles X, sans consulter la nation.

Nouvelle République le 24 février 1848; nouvelle usurpation d'un nouveau Bonaparte

parjure à son serment, traitre à la République dont il est le Président, judas envers le
peuple dont il a capté la confiance en se
disant le meilleur socialiste de tous les socia-
listes contemporains.

Le peuple crut surtout voir dans le neveu
de Napoléon Ier, le vengeur des traités de 1815,
et le grand ennemi des Bourbons qui étaient
rentrés en France à la queue de l'étranger.

Dans cet odieux coup d'Etat de 1851, toutes
les fractions du parti conservateur se trouvèrent liguées contre les lois, contre le droit,
contre la justice, contre le peuple qu'il fallait
enchaîner par toutes les mains du crime, afin
de l'exploiter par toutes les voies de l'ini-
quité.

§ 4^e

Après ce rapide mémorial d'usurpations
historiques, que nous aurions pu faire remon-
ter jusqu'aux limites des âges fabuleux, on
peut voir que l'usurpation, la spoliation des
richesses et la domination absolue sur les
peuples, sont dans le naturel des aristocra-
ties et des grandesses de la terre.

On n'a reculé dans cette voie criminelle, ni devant les saint Barthélemy ni devant les coups 'd'Etat dont notre génération a failli être encore une fois la victime. Mais il n'y a plus en France ni les prétoriens de César, ni les croisés d'Innocent III. Le fanatisme est mort sur les marches de l'autel et sur les marches du trône renversé.

La fortune a trahi les factions qui se croient les arbitres du monde. Les monarchistes ont vu tomber dans l'eau toute l'artillerie de guerre civile qui les avait comblés de joie et d'espérance pendant dix ans de manœuvres et de complots.

Dernière Usurpation.

La France était envahie et la Capitale assiégée; facile triomphe pour le roi de Prusse, après la trahison de Bazaine qui avait vendu notre dernière armée et livré à l'ennemi la grande porte de la patrie.

Une suspension d'armes est signée à la condition que nous nommerions une assemblée

nationale dans l'espace de dix jours. Dix jours,
qui se réduisent à huit et à six jours pour
la plus grande partie des communes de
France, c'est un peu fort; mais il faut bien
se soumettre aux injonctions du vainqueur.

Du moins, cette assemblée faite le 8 février
1871 dans un jour de malheur, ne sera des-
tinée qu'à continuer la guerre ou à conclure
la paix.

Nous n'avions pas d'autre alternative dans le
désordre et devant les trahisons menaçantes de
l'intérieur, que de bâcler une paix désastreuse;
nous n'avions plus à mettre dans nos canons que
les boutons de guêtre du maréchal Lebœuf;
mais nous n'avions ni hommes, ni armes,
ni cartouches à notre service. Bonaparte avait
fait périr un million de nos vaillants soldats, au Mexique, en Chine, en Turquie et
en Italie, sacrifiée toute une génération, sans
réussir dans ses attentats contre le Mexique,
sans délivrer ni la Turquie, ni l'Italie.

La paix fut conclue au prix de cinq milliards de rançon et cinq ou six milliards de

frais de guerre, total : une douzaine de milliards 'sans compter les deux provinces perdues.

Total général du bilan de la monarchie, en nous quittant drapée dans son drap de Sedan : vingt à vingt-cinq milliards de dettes. Chiffre exact inconnu, vu que nos ministres des finances n'ont pas encore osé surprendre le pays en publiant l'état hypothécaire de la France au profit de nos créanciers.

Voilà ce qui arrive à un peuple qui s'abandonne pieds et poings liés à un tyran hypocrite et perfide. Une nation qui se livre au gouvernement d'un seul homme, est une nation perdue, parce qu'elle sera bientôt terrorisée, avilie et corrompue.

§ 5ᵉ

Suite d'Usurpation.

Tout ce qui a été fait par l'assemblée du 8 février, après la conclusion de la paix, a été une flagrante usurpation. Mais un parlement qui veut rétablir la monarchie contre les vœux du pays, ne considère pas s'il est lui-même un produit d'usurpation.

On nous fabrique avec fureur toutes les lois de réaction qui entrent dans l'imagination en délire d'une assemblée de diverses nuances monarchistes dirigées par l'esprit clérical qui ne voit dans la politique qu'un moyen de rénovation pour la puissance mourante de la sacristie.

Tout est fait sous l'impulsion et au profit du clergé. Impérialistes et royalistes espèrent dans le concours de l'Eglise, et lui accordent toutes les faveurs. De son côté la sainte Eglise promet son appui à tout le monde, aux gens de Philippe, de Bonaparte et d'Henri V.

***

Enfin, aprés cinq ans de réaction sans avoir pu faire un roi héréditaire, par la difficulté naturelle de couronner du même diadème trois têtes de prétendants, on se décide à faire une République provisoire dans la constitution monarchique de 1875. Roi électif de sept ans, droit de dissolution sur la Chambre des représentants, limitation à terme fixe des réunions de l'Assemblée nationale, n'est-ce pas un triple attentat contre la volonté du pays, contre le peuple souverain? — Usurpation dans l'usurpation, destinées à produire le succès d'un coup d'Etat.

§ 6ᵉ

Coup d'Etat manqué.

Il faut que j'avise!... Ça ne marche pas, — sacré nom d'un nom! Nos députés pourraient bien faire, il me semble, comme le clergé qui marche comme un régiment, au dire du cardinal Besançon. — Oui, au régiment nous marchions comme un régiment, il faut que j'avise, ça ne marche pas.

Tel était le langage bistourné du Président de la République à son premier ministre Jules Simon, esprit trop libéral et trop républicain pour le Maréchal de Mac-Mahon qui avalait descouleuvres depuis quinze mois, depuis le 20 février 1876, époque de l'élection d'une Chambre républicaine par le suffrage universel.

Après ce langage militaire, de rapport avec son plumage. l'illustre guerrier appela un trompette de régiment qui enfanta au son du clairon un nouveau cabinet armé de pied en cap, dont Broglie et Fourtou furent les héros manqués.

Vingt-quatre heures après l'installation de de Broglie au Pouvoir, tous les préfets, secrétaires-généraux et sous-préfets, se trouvèrent remplacés: dans la semaine, tous les maires et conseils municipaux furent révoqués, tous les juges et magistrats tant soit peu républicains destitués. Dans un seul département, 400 instituteurs furent roulés ou renvoyés à leurs moutons.

Bel exemple pour les républicains dont l'ingénuité prend dix-huit mois de réflexion avant de révoquer un garde-champêtre compromis dans les fraudes électorales des Broglie et Fourtou.

Les pronostics du coup d'Etat marchaient bien. Le Président Mac-Mahon arpentait la France de long en large, en disant à tout

venant : *Nous irons jusqu'au bout.*

Cela donnait du courage aux sous-préfets et à tous les fonctionnaires publics, pour dire carrément à tous les maires de leurs communes. Courage ! aux élections ! escamotez-moi les paquets de bulletins; on fera cela dans toute la France. Nous irons jusqu'au bout.

Pendant que le ministère et ses agents subalternes distribuent de main en main les flammèches de l'incendie, toute la presse du parti conservateur fulmine tous les rugissements de son vocabulaire monarchique, pour encourager les fidèles du trône et de l'autel.

Rassurez-vous, honnêtes gens, nous avons le Gouvernement de combat de M. Batby.

Nous allons refaire un Deux-Décembre dans toute sa splendeur.

Un coup d'Etat et une petite guerre civile nous débarrasseront des républicains promis à Cayenne, à Lambessa et aux sauvages de la Calédonie.

Un autre monarchiste disait qu'on ferait de la chair des républicains une pâtée dont les chiens eux-mêmes ne voudraient pas.

Une feuille de l'ordre moral publiait que le Président Mac-Mahon ferait mitrailler tous les députés républicains qui seraient élus le 14 octobre.

Aménités monarchiques, avec tant d'autres pareilles, qui se publiaient avec l'assurance de l'impunité, sous la protection du gouvernement de combat.

Mais toutes ces pasquinades terroristes répandues à profusion et colportées dans les campagnes par les galopins bonapartistes qui avaient le mot d'ordre officiel ou qui lisaient les feuilles publiques; toutes ces terreurs et toutes ces ruines promises laissèrent la masse des électeurs impassible et calme dans les frémissements d'un cœur indigné.

Les élections du 14 octobre vinrent balayer tout ce brigandage monarchique, comme les grandes marées de l'Océan viennent balayer sur les hauts rivages les· ordures amoncelées des petits ruisseaux.

Après un mois de délibération, le ministère Broglie, plus étourdi que jamais par le bruissement des grandes marées, remit au ministère la Rochebouët le soin d'accomplir l'usurpation.

Vaine tentative, les nouveaux ministres de Mac-Mahon se présentaient au Parlement sans être aperçus. On écrivit alors des lettres de coup d'Etat à tous les gonfaloniers de régiment, et on vit un peu tard que nos jeunes et vaillants bataillons sont tous républicains comme les électeurs du 14 octobre, comme les pères, mères, oncles, tantes, cousins et cousines des jeunes soldats qui remplissent nos armées.

Le Gouvernement de combat plia ses bagages de campagne, et on prit un ministère républicain. — Compliment Messieurs!

Vite une décoration à Mac-Mahon! une décoration à Broglie, une décoration à Fourtou, une décoration à la Rochebouët et une décoration à tous leurs amis, qui ont reculé d'épouvante, non devant les horreurs de la guerre civile, non devant l'abîme de la patrie, mais devant l'impuissance d'aller jusqu'au bout.

§ 7ᵉ

Parlement et Président républicains.

Les fabricants d'usurpation s'étant retirés dans leur peau de chagrin, le cabinet Dufaure vint les remplacer en restant au Pouvoir du 16 décembre 1877 jusqu'au 30 janvier 1879; treize mois et demi sans rien faire, sans ren-

voyer de leuis postes de trahison les sentinelles de M. de Broglie, sans nous donner
aucune réforme populaire, ni aucune garan-
tie contre le retour des conspirateurs décem-
bristes.

Que voulait-on qu'il fît devant son maître
Mac-Mahon et devant un Sénat monarchique ?

Oui, c'est une excuse pour le ministère
Dufaure, presque une justification.

Mais cette excuse n'existe plus et les élections du 5 janvier dernier ont assuré une
majorité républicaine dans le Sénat, et pour
complément de succès, M. le Maréchal a cru
devoir donner sa démission de Président de
la République Française.

Le Président, les deux Chambres et les ministres, tout est républicain et marche à l'u-
nisson dans la même voie de réparation et
de restauration nationales.

Et cependant, si notre Maréchal était encore
là sur son cheval de bataille, on l'enten-
drait crier avec sa pétulance militaire : *Sacré
nom d'un nom, ça ne marche pas!*

Comment, ça ne marche pas? s'écrient toutes les voix du centre gauche, si miséricordieuses maintenant après avoir été si furieuses contre les Broglie; ça ne marche pas! — Un peu de patience, un peu de crédit à un vrai gouvernement républicain. Il faut de la patience et du crédit.

Voilà bien ce qu'on nous dit depuis cinquante ans, depuis la révolution de 1830. M. Thiers, un des bons révolutionnaires de l'époque, disait alors: Patience Messieurs, nous sommes dans les grandes voies de la révolution. Louis-Philippe est la meilleure des Républiques; nous allons vous faire une monarchie entourée d'institutions républicaines.

Il me semble aujourd'hui, après notre nouvelle victoire, qu'on est entrain de nous faire une République entourée d'institutions monarchiques.

Prenons garde que si la monarchie républicaine de M. Thiers a été un mensonge, notre république monarchique ne soit une vérité.

Que voulons-nous faire d'une étiquette démocratique, si nous devons conserver tous les abus et toutes les iniquités de l'ancien régime !

§ 8ᵉ

Une Solution.

Il faut bien reconnaître la réalité de la situation, si on veut se tirer d'embarras sans dommage pour la République.

Oui, nous sommes embarrassés dans les manœuvres de nos ennemis, qui, ne pouvant faire la monarchie, ont lancé la République dans une voie d'embûches pour l'y faire sombrer et trébûcher.

Le Président est embarrassé, les Chambres sont embarrassées, toute la République est dans l'embarras malgré son triomphe éclatant.

La preuve : c'est que nous piétinons sur place, sans avancer ni reculer depuis dix ans.

Le char de l'Etat est embourbé, pendant que le pays marche en chemin de fer dans tous les cantons de la France. — Progrès dans les esprits et dans les mœurs. — Stationnement et piétinement dans le monde des élus de la nation.

*
* *

Le pouvoir exécutif se trouve naturellement le plus engagé dans la mélancolie des embarras officiels.

Embarras devant la mise en accusation des ministres de Mac-Mahon, lorsqu'il a fallu se résoudre à couvrir de votre protection cet escadron d'aristocrates forcenés, conspirateurs de guerre civile, fabricants de coups d'états.

Embarras devant nos monarchistes audacieux accoutumés à crier au scandale abominable, dès qu'il s'agit de supprimer une injustice de l'ancien régime.

Embarras devant la Chambre des députés qui chasse un ministre de l'intérieur accusé d'avoir révoqué une vingtaine d'employés dévoués à la République, afin de livrer toute la préfecture de police aux agents de la monarchie.

Embarras devant le Sénat qui fait mine de vonloir résister à la révision de la Constitution, et à l'expulsion des jésuites.

Embarras devant nos évêques ultramontains, provoquant dans leurs mandements officiels, à la désobéissance aux lois, acharnés à faire un état dans l'état, une nation de capucins dans la nation du suffrage universel.

Vous êtes embarrassés devant les électeurs, vos compagnons d'armes et de victoire du 14 octobre, désireux maintenant de voir les postes de la République, gardés par des sentinelles républicaines.

Vous êtes embarrassés devant le peuple auquel on a promis des réformes financières dont on ne parle plus comme si elles étaient ensevelies avec les Rois qu'elles ont détrôné :

La République elle-même, serait-elle un embarras dans l'exécution du programme réformiste, que la Gauche a lancé pendant 50 ans, à la tête des trois dernières monarchies !...

Embarras de partout, qui viennent de ce que nous vivons sur un fondement d'usurpation, sur la Constitution de 1875, fille d'une assemblée monarchique qui a usurpé le pouvoir constituant. — Une éfection faite dans un cercle de fer tracé par le sabre de l'invasion, ne confère aucun pouvoir en dehors du pacte imposé par la conquête.

*
* *

Tirez-nous de là, messieurs les plénipotentiaires de l'intérieur, par une bonne solution, par une Constituante légitime, seule en crédit de puissance contre les embarras qui nous assiègent depuis dix ans.

§ 9.

Les hommes qui dominent aujourd'hui dans les conseils du gouvernement, et même tous les députés de la gauche, ont reconnu dans le temps, que l'assemblée du 8 février 1871 n'avait pas le pouvoir constituant dont il n'est question nulle part dans les préliminaires de son élection. Cette assemblée élue dans les malheurs de l'invasion, élue sur les ordres du vainqueur, sans que la nation put s'entendre et se concerter dans les huit jours de période électorale, cette assemblée a donc usurpé le droit de nous imposer une Constitution, dans laquelle on subordonne la volonté nationale à la volonté d'un seul homme, dictateur pour son compte ou dictateur au nom d'un parti aristocratique, ennemi du peuple.

Forcé de vivre et d'agir en vertu de cette

Constitution, notre gouvernement démocratique avec toute sa bonnne grâce, ne peut fonder rien de sage, de logique et de durable sur cette base d'opération qui n'enfantera que des embarras, des discordes, des écroulements et des ruines dans le grand parti national.

Son origine seule suffirait à nous en faire un objet d'appréhension et d'antipathie invincibles, comme le cheval de Troie offert au temple de Minerve.

Timeo Danaos, et dona ferentes.

Je crains les ennemis, alors même qu'ils nous offrent des présents.

Présent des monarchistes Pasquier, Buffet, Broglie et consorts, notre Constitution républicaine n'est qu'une Charte monarchique.

Une forteresse dans laquelle on peut se retrancher pour mettre le feu aux poudres, et la faire sauter entre les mains du peuple.

Ce n'est pas d'une révision qu'il s'agit, d'une modification qui ne serait qu'un pastiche rapiécé, la nation réclame une Constitution toute neuve, sortie du sein d'une Constituante élue en pleine lumière, en pleine réflexion, en pleine liberté.

Le pays jouit d'un calme inaltérable et profond, dans la sécurité que lui inspire un gouvernement national, issu des suffrages des représentants du peuple, l'heure est propice à une grande manifestation nationale. Les maires et les autres magistrats de l'ordre moral ne sont plus là pour escamoter les bulletins au profit des candidatures officielles; prefets et sous-préfets ne seront plus là pour commander les violences et les fraudes électorales de l'empire, renouvelées sous la présidence de maître Mac-Mahon qui n'a pu aller jusqu'au bout.

Bien qu'elle doive se tenir sur ses gardes, la France, pour le quart d'heure, n'a plus à craindre les complots de ses ennemis.

Donnez-nous donc une Constituante qui répare l'usurpation d'une assemblée élue dans un jour de malheur. La nation a prouvé qu'elle est mûre pour les grandes œuvres, depuis qu'elle a donné l'admirable exemple d'une résignation stoïque devant les provocations insensées d'un Coup d'Etat qui vomissait de ses flancs la terreur, la transportation, l'exil et la mort contre le peuple.

*
* *

§ 10ᵉ

Une Constituante

A vous, M. Jules Grévy notre sympathique président, l'honneur de faire la première motion officielle d'une Constituante, qui accomplisse notre victoire en fait et en droit; victoire qui ne peut acquérir toute sa vigueur et toute sa puissance, que retrempée dans la sève de la volonté nationale.

Si le pouvoir exécutif et le parlement ne peuvent parvenir à s'entendre sur cette consultation plébiscitaire, la Chambre des députés aura toujours la faculté de prononcer de sa pleine autorité sa dissolution ou démission motivée, qui ouvrira incontinent la période électorale pour une assemblée législative.

Mais comme la nation possède sans interruption le droit souverain, qui n'est que suspendu par la délégation qu'elle en fait à ses représentants, les électeurs sont toujours libres de transformer l'élection d'une législative en élection d'une Constituante suprême sans limite d'action et de puissance.

Une nation ne peut être liée que par elle-même ou par les lois de ses représentants. Mais elle peut toujours donner mission à ses envoyés de changer ou de modifier la législation existante, en la respectant jusqu'au jour de sa révision ou de son abrogation officielle.

Le peuple peut parvenir à cette grande évolution sans se deranger, sans agitation, sans quitter son travail : par une simple formule mise en tête des bulletins destinés à l'urne du scrutin.

Qui oserait, dans un gouvernement de pleine démocratie, mettre obtacle à l'assemblée des représentants nommés dans ces conditions, ou les contrecarrer dans l'exercice de leur mission ? Ne serait-ce pas une insurrection contre le droit naturel et primordial de toute société ?

Dans la situation qui nous est faite, nous adjurons avec confiance les pouvoirs publics, qui sont pénétrés comme nous du règne de la vie démocratique, nous les adjurons de mettre fin à l'usurpation sur laquelle nous vivons sans gloire et sans profit. Sortons de cette atmosphère asphyxiante qui finirait par consumer la République et les républicains.

Justement, la Chambre se trouve après la session actuelle, au terme de son mandat. Elue le 20 février 1876, elle aura quatre années d'existence législative à la fin de la présente année, par suite les élections générales doivent avoir lieu en décembre prochain ou janvier 1880 au plus tard. Pourquoi ne ferait-on pas l'élection d'une Constituante quelques mois plus tôt.

Bien entendu que dans ce plan de procédure, on ne tient aucun compte de l'élection du 14 octobre 77, qui n'a été qu'une confirmation de la précédente contre la dissolution. La Chambre dissoute avait elle-même pris soin de faire aux électeurs une loi morale de la réélection des mêmes députés, de la réélection des 363, pour en faire une protestation plus énergique contre le coup d'Etat du 16 mai, frère avorton de l'attentat décembriste : par conséquent, la nation ne pouvait ni choisir ni discuter ses mandataires : elle les a tout simplement confirmés dans leur sacerdoce législatif.

Si on voulait compter, à partir du 14 octobre, les quatre années de législature qui leur appartiennent, la même Chambre et les mêmes députés s'arrogeraient six années d'existence législative, sans qu'on eût consulté l'esprit national qui peut changer, se renouveler, se modifier dans l'espace qui sépare chaque période électorale.

Par cette prorogation, si elle pouvait jamais s'accomplir, la Chambre aurait abusé de

la confirmation fiduciaire de ses commet-
tants; la Chambre aurait elle-même commis
un acte d'usurpation, sur les traces des monarchistes qui ont toujours vécu d'artifices
et d'usurpations.

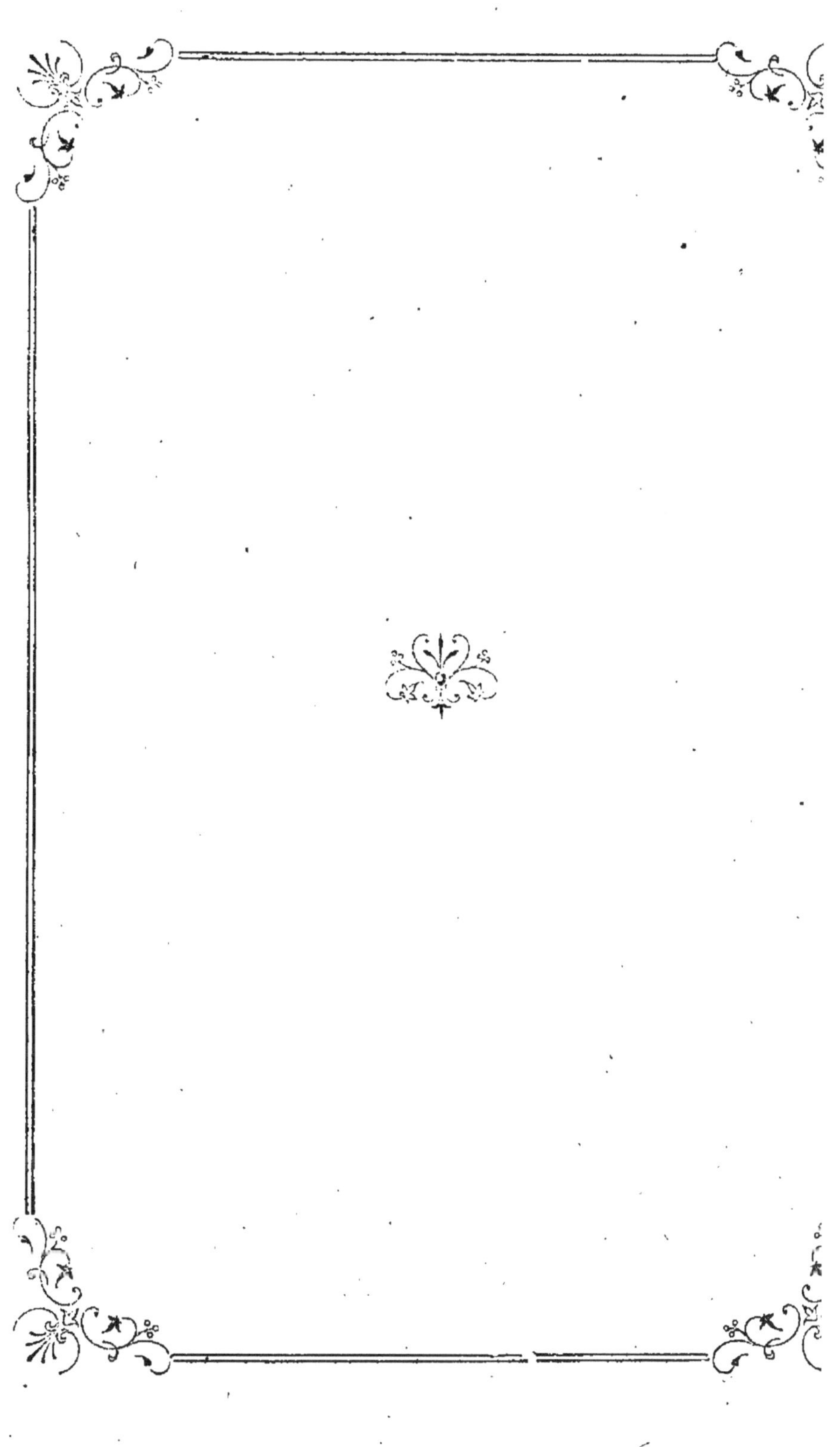